Direito de Indenização do Passageiro Aéreo

MARCELO CINTRA BITENCOURT

EDUARDO RIBEIRO TARJANO LÉO

Copyright © 2017 Marcelo Cintra Bitencourt – Eduardo Ribeiro Tarjano Léo

All rights reserved.

ISBN: 1978343515
ISBN-13: 978-1978343511

Conteúdo

1 Seus direitos de passageiro quando ocorrer   **1**

    1.1 Atraso 1

    1.2 Cancelamento 2

    1.3 Perda de conexão..3

    1.4 Troca por transporte inferior..4

    1.5 Ausência de suporte material..5

    1.6 Venda de mais passagens que lugares no voo...............6

    1.7 Extravio de bagagem..7

    1.8 Comportamento inadequado de preposto da empresa aérea.......8

2 A busca da reparação na Justiça   **9**

Contato   **25**

Capítulo 1

Seus direitos de passageiro quando ocorrer

1.1 Atraso

O passageiro tem direito à indenização por dano moral em razão de um atraso com duração razoável. Esse dano moral se amplifica com perda de compromissos, perda de conexão de outro voo e ausência do suporte material completo da empresa aérea. Os compromissos podem ser de vários tipos. Tipicamente são compromissos individuais, familiares e profissionais.

A causa do atraso do voo pode ser uma reprogramação de malha área, um problema climático, uma falha provocada por atraso da tripulação e qualquer outro fortuito interno.

O atraso ainda pode causar redução do aproveitamento de uma diária de hotel contratada previamente em um projeto de férias. Cabendo o reconhecimento de um prejuízo material proporcional ao tempo perdido de uso de diárias de hotel. Por exemplo, se o voo atrasa 8 horas e, por isso, o passageiro deixa de aproveitar no seu destino 8 horas de uma diária de hotel, cabe o reconhecimento de um dano material de 1/3 de uma diária de hotel, pois 8 horas corresponde a 24 horas (1 diária) dividida por 3.

O atraso de voo que leva a perda de compromissos pode ser até pequeno, porém ter uma repercussão grande na vida pessoal do passageiro. Há casos de perda de aniversários, casamentos, reuniões de trabalho, etc.

1.2 Cancelamento

O cancelamento do voo deixa o passageiro, em geral, extremamente frustrado. É também causa para reconhecimento de um dano moral e, possivelmente, material. Em geral, é mais grave que o atraso, pois a remarcação do voo fica para muito tempo depois.

Obviamente, pode gerar repercussões de toda espécie, como exemplo a perda de compromissos individuais, familiares e profissionais. A redução do tempo de aproveitamento de uma viagem de férias é um evidente prejuízo que pode ser quantificado em uma indenização compensatória do dano.

Imagine, apenas para exemplificar, o passageiro que não perdeu nenhum compromisso, apenas deixou de estar em um determinado lugar em razão do cancelamento. Considerando que o contrato é de transporte, o cancelamento por si só deve gerar o reconhecimento de um prejuízo moral.

Outras consequências do cancelamento devem majorar o valor da reparação do prejuízo moral. Exemplo de consequências: a perda de compromissos de qualquer espécie, pagos ou não, como a perda de evento de entretenimento na cidade de destino, a ausência de aproveitamento de diária de hotel, etc.

1.3 Perda de conexão

A viagem com conexão pode ter falhas. Usando um exemplo simples, imagine um casal saindo do Rio de Janeiro em viagem para Bauru, interior de São Paulo, que perde sua conexão em São Paulo por falha de atraso no voo anterior. A partir desse momento, os prejuízos podem ser de todo tipo, além do dano moral. Alguns desses prejuízos foram explorados anteriormente.

A perda de conexão pode ocorrer por atraso do voo anterior, falta de reserva de lugar pela companhia aérea, fechamento do aeroporto, questões climáticas, reprogramação de malha aérea e outros problemas de origem diversa. Sempre, sendo necessário, avaliar os fatos ocorridos para identificar a possibilidade de responsabilização cível do fornecedor de serviço de transporte aéreo.

1.4 Troca por transporte inferior

Explorando o caso de uma viagem onde o último voo para o destino partiu e a companhia aérea arruma uma solução caseira para entregar os passageiros na cidade de destino, pense em um contexto onde ao chegar em Bauru, os prepostos da empresa aérea orientem os passageiros a entrar em uma Van para deixá-los na cidade de destino na rodoviária local. Temos pelo menos quatro problemas. O primeiro é que a Van substituindo um voo com certeza vai entregar os passageiros com muito atraso no destino se comparado com o tempo de viagem de um avião. O segundo problema é o destino do desembarque dos passageiros que não será o aeroporto, mas a rodoviária local. O terceiro problema é o suporte de alimentação durante o trajeto da Van. Finalmente, o quarto problema é a qualidade do transporte, evidentemente, menor que a de um transporte aéreo.

O oferecimento de um transporte inferior gera economia para a empresa aérea, que terá gastos menores. Se isso é uma prática rotineira, torna-se evidente o objetivo de gerar economia de forma ilícita, prejudicando os passageiros e caracterizando oferta enganosa. Independente da ocorrência ter sido por falha isolada ou rotineira, o dano ao passageiro está caracterizado, gerando possibilidade de ser exigido nas instâncias judiciais.

1.5 Ausência de suporte material

A companhia aérea que recebe os bônus de seu negócio deve assumir os ônus de seu empreendimento. Algumas vezes, esse ônus não é aceito. Quando isso ocorre, na forma de ausência de suporte material, o passageiro tem uma ampliação de seu dano moral e, evidentemente, surge o dano material.

É recomendado que o passageiro guarde todas as notas fiscais de gastos realizados em função das falhas da companhia aérea. Um caso bem simples é o atraso ou cancelamento do voo que leva o passageiro a continuar na cidade de partida do voo, precisando contratar hospedagem e realizar desembolsos com alimentação e outros itens.

Algumas vezes, o suporte material pode existir, mas pode ser considerado inapropriado ou insuficiente, obrigando o passageiro a complementar o suporte material para a adequação da sua manutenção pessoal. O bom senso deve imperar na avaliação do suporte material oferecido. Se, por exemplo, a empresa aérea oferece um "lanchinho" para um casal e um acampamento no aeroporto, obviamente, que isso não é um suporte material digno e pressiona os passageiros a buscar uma hospedagem na cidade e alimentação adequada, que deve, depois, ser cobrada da companhia aérea.

1.6 Venda de mais passagens que lugares no voo

A venda de mais passagens que lugares no voo é denominada overbooking e causa constrangimentos indevidos que, obviamente, tem repercussão na esfera moral do passageiro, cabendo o reconhecimento de todos os danos identificáveis.

Inadmissível tal ato da companhia aérea, que merece a reprimenda compatível em casos onde essa ocorrência seja identificada.

Normalmente, o passageiro é barrado logo na tentativa de embarcar. Se for retirado do voo, na frente dos outros passageiros, a situação complica e o dano moral é ainda maior em razão da gravidade da remoção de forma vexatória na frente de outras pessoas, que, com certeza, guardarão em suas memórias o ocorrido, que deixa marcas psicológicas nas vítimas difíceis de apagar. O cidadão consumidor é tratado nesse caso como cidadão de segunda classe, inferior aos demais que estão no voo e, portanto, a quantificação do dano moral deve ser maior.

1.7 Extravio de bagagem

É possível essa ocorrência. A recomendação é que o passageiro registre com fotos todos os objetos da bagagem antes de viajar. Assim será mais fácil provar o valor econômico da bagagem extraviada no caso de levar o fato para a Justiça. Isso não é obrigatório para se exigir uma indenização por dano material e moral, porém, o reconhecimento de uma indenização mais justa somente é possível dessa forma.

O extravio pode ser temporário ou permanente. No primeiro caso, a bagagem é entregue, no segundo caso, não. Em ambos os casos é possível o reconhecimento de um dano moral. O dano material vai haver sempre no segundo caso. No primeiro, somente se houve gastos desnecessários para manutenção pessoal no período de ausência da bagagem.

Em alguns casos, o extravio pode levar a situações gravíssimas. Por exemplo, o passageiro que perdeu junto com sua bagagem roupas e calçados de frio em um lugar onde não é possível comprar rapidamente esses itens essenciais. Outro exemplo útil, é o do passageiro que perdeu sua bagagem e não pode participar de compromissos em eventos por não ter os trajes apropriados.

1.8 Comportamento inadequado de preposto da companhia aérea

Frustrante e desanimador para o passageiro é a ocorrência de atos inadequados pelos prepostos da companhia aérea. Esses atos podem estar associados com uma diferença que o passageiro tenha em relação às outras pessoas, como, por exemplo, a origem ou não estar associados a absolutamente nada. Basta o ato considerado ilícito praticado pelo preposto para gerar efeitos com repercussão na esfera cível dos passageiros.

Alguns exemplos possíveis são: a retirada dos passageiros à força do voo por motivo de overbooking, a ridicularização dos passageiros em razão do sotaque ou outro motivo, a ausência de cooperação para o fim de cumprimento do contrato de transporte, a promessa enganosa sobre a forma de resolução de algum tipo de falha, a omissão de socorro ao passageiro em estado de emergência de saúde, etc.

Capítulo 2

A busca da reparação na Justiça

Aplica-se o Código de Defesa do Consumidor (CDC) na relação entre passageiro e companhia aérea, quanto ao dano moral. O CDC é a norma federal mais favorável ao consumidor e é preferível a qualquer norma da ANAC ou Tratado Internacional relativo a transporte aéreo.

Se houve algum dano material, deve ser exigida a reparação desse dano por menor que seja. Na busca da reparação, o dano moral deve ser quantificado de forma proporcional aos fatos ocorridos e, como regra, a jurisprudência vai orientar o valor adequado do dano moral para que represente um valor de costume dos Tribunais.

A pesquisa jurisprudencial por um advogado capacitado é fundamental, pois o pedido do valor do dano deve ser um número de acordo com o Código de Processo Civil. No juizado especial cível, o valor numérico errado não tem repercussão de custas em primeiro grau de jurisdição, porém pode se pedir um valor muito abaixo do dano realmente ocorrido, o que torna a reparação do dano menor do que deveria ser.

Alguns julgamentos sobre o tema revelam os valores pagos a título de indenização por danos morais e materiais.

Indenização por danos morais e materiais!

0245488-64.2015.8.19.0001

O nome dos autores foram trocados por "primeiro autor" e "segundo autor". O nome das empresas aéreas foi trocado para "empresa ré".

Sentença

"Primeiro Autor" e "Segundo Autor" propuseram Ação de Indenização por Danos Morais e Materiais em face de "empresa ré" alegando que programaram uma viagem internacional para Aruba, no período de 12 a 18 de Fevereiro de 2015; que adquiriram passagens junto à ré no valor de R$ 5.911,38, sendo que o Voo de ida sairia do Rio de Janeiro, no dia 12/02/2015, às 6h09min com desembarque no Panamá às 10h16min, onde haveria conexão com o voo CM 212, que partiria às 12h06min com destino a Aruba, com chegada prevista para as 15h01min; que o Voo de volta sairia de Aruba no dia 18/02/ 2015 às 13h23min com desembarque no Panamá às 14h34min, onde haveria conexão com o voo CM 873, que partiria às 15h20min com destino ao Rio de Janeiro, com desembarque previsto para 00h35min; que, no dia 12/02/2015, chegaram ao aeroporto do Galeão por volta das

4h15min, sendo que o atendente da ré os informou que o embarque havia se encerrado para o voo CM 768; que ficaram indignados ao receber como resposta do preposto que não havia mais lugares disponíveis no voo por causa de overbooking; ... que às 05:10 h, o preposto, então, retornou ao guichê de atendimento com a informação que seriam realocados em outro voo de outra companhia aérea, a Avianca; que receberam dois vouchers, no valor de 300 dólares cada, que até cogitaram usar os vouchers para despesas momentâneas, porém foram informados que deveriam levá-los até o escritório em Copacabana da "empresa ré" e somente poderiam ser utilizados na volta da viagem e, ainda, o dinheiro apenas seria depositado nas contas dos autores após o prazo mínimo de 30 dias, o que não atendia a necessidade imediata dos autores em situação de precisar se alimentar no aeroporto e compensar os prejuízos diversos causados; que por volta de 06:20 h, o preposto da ré lhes entregou os bilhetes aéreos da Avianca, com as seguintes informações: Voo LR 693 com saída do Rio de Janeiro às 9h40min, com conexão em Bogotá às 13h20min com o voo AV8384, com chegada prevista em Aruba. Que, no horário de 10h10min, uma preposta da Avianca se apresentou informando que o voo atrasou e o embarque somente começou a ser realizado às 10h20min e o voo partiu por volta das 10h50min. Que, já muito cansados, desgastados e constrangidos, chegaram em Aruba às 19h ! 22h (horário de Brasília); que o transporte oferecido pelo Rutenas Suítes foi perdido, que tiveram que esperar na calçada do Rutena

Suítes com as bagagens por cerca de 40min e somente após 15min, por volta de 21h30min (horário local), um funcionário do Rutena Suítes finalmente chegou para acomodá-los. Requerem seja a ré condenada a lhes indenizar a quantia não inferior a R$ 7.000,00 para cada um dos autores, a título de dano moral, em razão dos transtornos causados; seja a ré condenada a lhes indenizar a quantia de R$ 1.477,85, equivalente ao valor desembolsado pelo abatimento proporcional do preço das passagens de ida com o valor de meia diária, no valor de R$ 131,38; totalizando R$ 1.609,23. ... a empresa ré apresentou a contestação, alegando, que não houve falha na prestação dos serviços; que ofereceu toda assistência necessária aos Autores, tendo providenciado vouchers para que os mesmos pudessem aguardar a acomodação em voo de outra empresa, com menos de 04 horas de atraso; que não há qualquer comprovação de que o voo da Avianca tenha atrasado; que, embora tenham alegado que, ao chegarem em Aruba se deparam com a recepção do hotel fechada, todavia, de uma rápida busca na internet pode-se verificar que a recepção do Hotel Rutena Suítes funciona 24 horas. Que, em relação ao pedido de restituição do valor de R$ 1.477,85, este é completamente incabível, visto que os autores viajaram apenas algumas horas após o originalmente contratado e puderam se utilizar das passagens adquiridas, razão pela qual não há que se falar em diminuição do valor serviço prestado sob pena de enriquecimento indevido; que foi oferecido aos autores um voucher no valor de 300 dólares para cada um, o que equivalia na época a R$ 857,28 reais, os quais foram aceitos como compensação ... Relatei. Decido. Julgo antecipadamente a lide, nos termos do artigo 330, inciso I, do Código de Processo Civil, já que os fatos são incontroversos e as partes se manifestaram no sentido de não possuir mais provas a produzir. Buscam os autores indenização a título de danos materiais e morais em razão de perda de voo por overbooking, o qual acarretou-lhes vários transtornos, O caso concreto versa, indubitavelmente, sobre relação de consumo e ao caso se aplica a Lei 8.078/90, diante da existência de relação contratual entre as partes. O art. 3º estabelece que: ´Art.3º - Fornecedor é toda pessoa física ou jurídica, pública ou privada, nacional ou estrangeira, bem como os entes despersonalizados, que desenvolvam atividades de produção, montagem, criação, construção, transformação ou comercialização de produtos ou prestações de serviços. (grifei) § 2º - Serviço é qualquer atividade fornecida no mercado de consumo, mediante remuneração, inclusive as de natureza bancária, financeira, de crédito e securitária, salvo as decorrentes das relações de caráter trabalhista.´ A responsabilidade é objetiva, consoante o estabelecido no art. 14 do CDC que assim dispõe: ´Art.14. O fornecedor de serviço responde, independentemente da existência de culpa, pela reparação dos danos causados aos consumidores por defeitos relativos à prestação dos serviços, bem como por informações insuficientes ou inadequadas sobre sua fruição ou risco. Assim sendo, a responsabilidade que se aplica ao caso é objetiva, não necessitando que a parte autora faça prova da culpa da Ré, necessitando, no entanto, que reste provado o dano e a relação de causalidade. A parte ré não negou os fatos, alegando, tão e somente que prestou toda a assistência possível em conformidade com o estabelecido pela ANAC e que o atraso no voo foi inferior a 04 horas. Entretanto, razão não assiste à parte ré, vez que se os autores tivessem embarcado no voo contratado e no horário previsto, não teriam passado pelos transtornos que se sucederam, já que tiveram que esperar pelo voo em que foram realocados e também não teriam perdido o transfer do hotel a que fariam jus na chegada ao aeroporto em Aruba. Logo, a alegação da parte ré de que realocou os autores em novo voo em menos de 04 horas, não a isenta de indenizar aos autores pelos danos morais sofridos em razão desse atraso. Assim, dúvidas inexistem que todos os transtornos, as fortes tensões, angústias e constrangimentos pelos quais os autores passaram na tão programada viagem, se deram por falta da ré que, em evidente falha na prestação de serviços, causou todo o abalo suportado pelos autores. O dano moral é o sofrimento humano, a dor, a mágoa, a tristeza imposta injustamente a outrem, alcançando os direitos da personalidade agasalhados pela Constituição Federal nos incisos V e X do art. 5º. O quantum estipulado em razão de um pedido de dano moral tem dupla finalidade: a compensação pela dor sofrida e uma expiação para o culpado, ou seja, uma pena privada, no entender da doutrina e da jurisprudência. Caio Mário da Silva Pereira, nosso mestre, ao referir-se ao dano moral, diz: ´O problema de sua reparação deve ser posto em termos de que a reparação moral, a par do caráter punitivo imposto ao agente, tem de assumir sentido compensatório. Sem a noção de equivalência, que é própria do dano material, corresponderá à função compensatória pelo que tiver sofrido. Somente assumindo uma concepção desta ordem é que se compreenderá que o direito positivo estabelece o princípio da reparação moral. A isso é de se acrescer que a reparação do dano moral insere-se uma atitude de solidariedade à vítima'. in Responsabilidade Civil, ed. 5º, 1994. A indenização a título de dano moral somente é cabível diante da ação ou omissão praticada injustamente pelo ofensor. No caso, conforme acima exposto, esta restou demonstrada. Já quanto ao valor de R$ 131,38, referente ao valor de meia diária do hotel que perderam com os atrasos havidos, o mesmo merece acolhida, vez que os autores teriam que ter chegado por volta da 15:00 horas no local de destino, sendo que somente chegaram às 20:30 horas. Assim sendo, julgo procedente, em parte, os pedidos para condenar a parte ré a indenizar os autores na quantia de R$ 131,38, a título de dano material, corrigida monetariamente e acrescida de juros legais de 1% ao mês a partir da citação; bem como para condenar a parte ré a compensar os danos morais sofridos pelos autores, cuja quantia resta fixada em R$ 4.000,00 para cada um dos autores, a ser corrigida monetariamente e acrescida de juros legais de 1% ao mês a partir da data desta sentença. Condeno a parte ré ao pagamento das despesas processuais e honorários advocatícios, que fixo em 10% (dez por cento) sobre o valor da condenação. P.R.I.

Indenização por danos morais e materiais!

0313604-25.2015.8.19.0001

Sentença

Os autores narram que adquiriram passagens aéreas junto ao réu, utilizando o sistema de milhas SMILES, saindo em 12/06/2015 do Rio de Janeiro com destino a Buenos Aires e retorno em 18/06/2015 às 19:45 horas (fls.40) e nova partida para Recife no mesmo dia às 23:07 horas (fls.38). Afirmam que o seu voo de retorno de Buenos Aires ao Rio de Janeiro havia sido adiado, impedindo o embarque no voo contratado para Recife. Reclamam que a ré impôs a compra de novas passagens aéreas para Recife. Esclarecem que somente em 20/06/2015 lograram embarcar para Recife de onde retornaram em 29/06/2015, sem participar de compromissos profissionais e pessoais almejados no período. Pleiteiam indenização por danos materiais e morais. A parte ré, em contestação sem documentos, pugna pela improcedência dos pedidos afirmando que o atraso de 02:19 horas do voo de Buenos Aires para o Rio de Janeiro contratado pelos autores ocorreu em virtude do acúmulo de trafego aéreo na data dos fatos. Alega que os autores compraram diversos trechos de viagem independentes e que o aeroporto Santos Dumont fechou na manhã do dia 18/06/2015. Sustenta que a legislação brasileira permite atraso de até quatro horas, que os horários das passagens adquiridas pelos autores não deram margem para o check in do voo para Recife e a inexistência de dano moral. Acrescentam que reembolsaram integralmente os valores das passagens e devolveram as milhas utilizadas na compra. Há relação de consumo entre as partes. A ré não comprovou o alegado acúmulo de trafego aéreo na data dos fatos que teria causado o atraso do voo partindo de Buenos Aires para o aeroporto GALEÃO no Rio de Janeiro em 18/06, ônus que lhe cabia por força do art.14, § 3o, da Lei 8.078/90 e art.333, II do Código de Processo Civil. Destaco que o injustificado atraso na partida do voo contratado, mesmo que tivesse sido causado por acúmulo de trafego aéreo na data dos fatos, este representa um fortuito interno que não tem o condão de excluir a responsabilidade da ré. A falta de assistência pela ré no caso ora sob exame supera em muito o limite do razoável, neste sentido o réu deveria ter providenciado medidas para diminuir o desconforto de seus passageiros-consumidores. A presente demanda é fundada no questionamento das atitudes tomadas pela ré para o cumprimento das disposições legais. É importante vislumbrar que tanto o Código Brasileiro de Aeronáutica, Lei 7.565/86, quanto as Resoluções da ANAC têm de ser interpretados conforme a Constituição da República de 1988, segundo a qual a ordem econômica, consoante seu art.170, V, tem por princípio norteador a defesa do consumidor. Em atenção a tal previsão, tanto a Lei 8.078/90 quanto o Código Civil de 2002 adotam como regra a teoria da reparação integral dos danos. Toda essa regulamentação já pressupõe que o atraso na prestação do serviço contratado gera danos, não sendo necessário comprovar o desgaste sofrido pelos autores que perderam o voo contratado, também perante a ré, para o dia 18/06/2015 mais de três horas depois do desembarque previsto no Rio de Janeiro. Tendo em vista que a responsabilidade do fornecedor de serviços por danos causados a consumidores é objetiva por força do art.14 da Lei 8.078/90, cabe à ré o ônus de comprovar a adequada prestação do serviço. O que não ocorreu no caso ora sob exame. Tal conduta da ré representa o descumprimento do dever anexo de cooperação, consectário do princípio da boa-fé objetiva, que rege todas as contratações no direito brasileiro. O réu não comprovou o alegado reembolso de valores de passagens aéreas nem a restituição de milhas gastas com as passagens objeto da presente, ônus que lhe cabia por força do art.14, § 3o da Lei 8078/90 e do art.333, II do Código de Processo Civil. O primeiro autor comprovou danos materiais às fls.28/33, no total de R$1.519,90. Reconhecido o dever de reparar os danos, resta apenas a fixação do quantum indenizatório. A compensação dos danos morais sofridos deve assumir caráter punitivo pedagógico, sob pena de fomentar a comportamentos lesivos e a impunidade. O valor da indenização deve adequar-se à gravidade do evento e submeter-se ao princípio da razoabilidade. Neste sentido, considerando as peculiaridades do caso ora sob exame e que se trata de voo internacional, é que fixo a indenização pelos danos morais sofridos por cada autor no valor de R$6.000,00 (seis mil reais). Isto posto, JULGO PROCEDENTES EM PARTE os pedidos para condenar a ré a pagar: (a) ao primeiro autor a quantia de R$1.519,90 (mil quinhentos e dezenove reais e noventa centavos), corrigidos desde o desembolso e com juros de 1% ao mês desde a citação; (b) a cada autor a quantia de R$6.000,00 (seis mil reais), a título de indenização por danos morais, corrigidos desde a sentença e com juros de 1% ao mês desde a citação. Sem ônus sucumbenciais, face ao disposto no artigo 55, da Lei nº 9.099/95. Rio de Janeiro, 30 de outubro de 2015.

Danos morais e materiais!

0228703-61.2014.8.19.0001

Parte Autora: "Primeiro Autor" e "Segunda Autora"; Parte ré: "empresa ré" PROJETO DE SENTENÇA Trata-se de ação indenizatória na qual a parte autora sustenta que contratou com a ré voo Rio de janeiro - São Paulo - Bauru, para 18/04/2014, com partida prevista para 09:10 e chegada em Bauru às 12:30, mas a partida foi adiada, o que ocasionou a perda da conexão em São Paulo para Bauru, sendo embarcados em transporte rodoviário até o destino, situação que provocou atraso de mais de 12horas na viagem. Alega, ainda, que a ré deixou de prestar atendimento necessário, sem oferecer alimentação adequada. Requer indenização material de R$ 79,40 e reparação de dano moral. A ré não nega o atraso, aduzindo que o voo dos autores, no dia 18/04/2014, foi cancelado devido a problemas meteorológicos. A relação jurídica é de consumo, devendo sobre ela incidir as normas da Lei nº 8.078/90, de ordem pública que precede aplicação a qualquer outra. A responsabilidade da ré é objetiva e independe da comprovação de culpa, ex vi do art. 14 do mesmo diploma legal. Presentes a verossimilhança das alegações autorais, bem como a hipossuficiência da parte autora perante a ré. Inverto o ônus da prova. Regra de julgamento, aplicável a critério do Julgador (artigos 6º, VI, VIII, X da Lei 8.078/90). De fato, a ré demonstra que no dia do embarque para o voo dos autores os aeroportos estiveram inoperantes pela manhã, devido ao mau tempo na cidade do Rio de Janeiro, incidindo o evento força maior, fato que, embora conhecido, provoca situações imprevisíveis e inevitáveis, afastando a responsabilidade do fornecedor pelos percalços proporcionados no embarque ainda no Rio de Janeiro, na forma do art. 14, §3º do CDC. Contudo, a força maior não exime o prestador de oferecer tratamento adequado aos passageiros. No caso, os autores foram obrigados a continuar o trecho São Paulo - Bauru em transporte rodoviário, diverso do contratado, sem o apropriado tratamento e alimentação. A ré, por sua vez, não esclareceu os motivos pelos quais houve a transferência do veículo de transporte, deixando de comprovar a anuência dos autores para alteração do meio modal originalmente contratado. A ré é responsável por todo o contratado e está obrigada a cumprir horários e itinerários, sob pena de perdas e danos, consoante art. 737 CC. Falha na prestação do serviço que enseja reparação, art. 14 CDC. A ocorrência de força maior, embora demonstrada pela ré, não elide o dever de prestar atendimento adequado aos seus passageiros, o que não foi comprovado. A excludente anunciada em defesa não é capaz de afastar os deveres assumidos na relação obrigacional, sobremaneira de prestar auxílio aos seus passageiros, tais como acomodação, informação, reacomodação em outro voo, alimentação e demais elencados na Resolução 141 da Anac. (resolução nº 141, de 9 de março de 2010), não tendo a ré se desincumbido de tal prova, a teor do que dispõem o §3º do art. 14 do CDC. Assim, com fulcro no art. 3º, II da Resolução 141, ANAC, o valor do voo referente ao trecho não cumprido, ou seja, de R$ 246,70, deve ser restituído, mas na forma simples, pois não incide à hipótese regra do art. 42, §único do CDC, mas apenas para a 2ª autora, pois somente a autora Thais comprova o efetivo desembolso, conforme documentos de fls. 25. A situação fática ultrapassou o mero aborrecimento. Assim, observando a extensão do dano, a condição econômica do Réu, e visando a atender ao caráter punitivo pedagógico, mas sem ensejar enriquecimento sem causa, tenho por suficiente e razoável a quantia de R$ 3.500,00 (três mil e quinhentos reais) para fins compensatórios, para cada um dos autores. Isso posto, JULGO PROCEDENTE EM PARTE O PEDIDO, para condenar o réu a pagar para cada um dos autores o valor de R$ 3.500,00 (três mil e quinhentos reais) a título de danos morais, acrescido de atualização monetária a partir desta decisão e juros legais a partir da data da citação e condenar a ré a restituir à 2ª autora o valor de R$ 246,70, corrigidos desde o desembolso e acrescidos de juros legais de 1% a contar da citação. Sem ônus sucumbenciais, art. 55 da Lei nº 9.099/95.

Retifique-se o polo passivo conforme requerido. Submeto à apreciação do MM. Juiz de Direito. Rio de Janeiro, 15 de outubro de 2014.

Danos morais e materiais!

0352184-61.2014.8.19.0001

ESTADO DO RIO DE JANEIRO PODER JUDICIÁRIO II Juizado Especial Cível da Comarca da Capital Processo nº 0352184-61.2014.8.19.0001 Autor: "Primeiro Autor"; Autor: "Segunda Autora"; Réu: "empresa ré" PROJETO DE SENTENÇA Trata-se de ação pelo rito sumaríssimo em que a parte autora pede indenização por danos morais e materiais, em virtude de ter ocorrido cancelamento do voo, na forma do relato contido na inicial. Em contestação, a parte ré impugna integralmente os pedidos autorais. É o breve relatório. Passo a decidir. Ressalto, em primeiro lugar, que a relação jurídica objeto da presente demanda é de consumo, uma vez que a parte autora encontra-se abarcada pelo conceito normativo positivado nos arts. 2o c/c 17 c/c 29 da Lei n. 8.078/90 e, igualmente, a parte ré subsume-se ao conceito do art. 3o do referido diploma legal. Por essa razão, impõe-se a inteira aplicação das normas previstas no Código de Defesa do Consumidor - que positiva um núcleo de regras e princípios protetores dos direitos dos consumidores enquanto tais - inclusive no que se refere à possibilidade de inversão do ônus da prova em favor da parte autora e à natureza da responsabilidade civil da parte ré. Em assim sendo e, mais, considerando as alegações veiculadas pela parte autora em sua petição inicial e na audiência realizada perante este juízo, tenho como procedentes as razões invocadas ao embasamento de sua pretensão. Com efeito, verifico que o cancelamento do vôo, tal como narrado na inicial é fato incontroverso nos autos, já que a ré, em sede defensiva, o confessou expressamente. Alega a ré que o vôo em questão foi cancelado, tendo em vista necessidade de reprogramação da malha aérea, o que seria, a seu ver, fortuito externo de forma a eximir sua responsabilidade. Nesse sentido, destaco que a mera alegação de ocorrência de força maior como excludente da responsabilidade civil da ré nesse caso não pode ser aqui acolhida, porque tal situação traduz a concretização do risco assumido pela ré no desempenho de sua atividade no mercado de consumo e, por isso, demanda atuação diligente e eficiente a fim de minorar eventuais reflexos negativos para os seus passageiros. Cuida-se, pois, de fortuito interno, inerente à atividade empresarial da ré, estando, pois, configurada a sua responsabilidade civil pelo dano moral indubitavelmente configurado. A fixação do valor devido a título de indenização pelo dano moral aqui configurado deve atender ao princípio da razoabilidade, pois se impõe, a um só tempo, reparar a lesão moral sofrida pela parte autora sem representar enriquecimento sem causa e, ainda, garantir o caráter punitivo-pedagógico da verba, pois a indenização deve valer, por óbvio, como desestímulo à prática constatada. À luz de tais critérios, e considerando a dimensão dos fatos aqui relatados, fixo a quantia de R$ 3.000,00 (três mil reais) para cada autor, a título de reparação, por entendê-la justa e adequada para o caso, considerando que os autores tiveram sua viagem de férias prejudicada em virtude da desídia da ré, contudo, a ré ofereceu acomodação e providenciou novo voo. Com relação ao dano material pretendido, o mesmo restou comprovado, motivo pelo qual deve ser suportado pela ré, totalizando o importe de R$ 394,02. Em face de todo o exposto, JULGO PROCEDENTE EM PARTE O PEDIDO e (1) condeno a parte ré ao pagamento, a título de indenização por danos morais, do valor de R$ 3.000,00 (três mil reais) para cada autor, devidamente corrigido e acrescido de juros de mora na taxa de 1% (um por cento) ao mês a partir da sentença, (2) condeno a parte ré a pagar aos autores, a título de indenização por danos materiais, o valor de R$ 394,02 (trezentos e noventa e quatro reais e dois centavos), devidamente corrigido e acrescido de juros de mora na taxa de 1% (um por cento) ao mês a partir da sentença devendo tal quantia ser depositada em até 15 (quinze) dias a contar do trânsito em julgado desta, sob pena de multa de 10% do valor fixado na forma do art. 475-J do CPC c.c Enunciado Jurídico nº 08 oriundo do VIII Encontro de Juizado Especiais Cíveis e Turmas Recursais, publicado através do Aviso nº 36/2006. Sem custas e honorários advocatícios, face ao disposto no artigo 55 da Lei 9.099/95. Anote-se onde couber o nome do patrono da ré, conforme a contestação, para fins de futuras publicações. Projeto de sentença sujeito à homologação pela MM. Juíza de Direito, com base no art. 40, da Lei 9.099/95. Rio de Janeiro, 04 de janeiro de 2015.

Contato

E-mail dos autores: mabiten@gmail.com

eduardotarjanoadv@gmail.com

www.ingramcontent.com/pod-product-compliance
Lightning Source LLC
Chambersburg PA
CBHW062209220526
45470CB00009B/2980